ENVIRONS DE DEVONPORT

CENT ANS DE COLONISATION ANGLAISE

I

On connaît les faits qui se rattachent à la découverte de la Tasmanie. Aperçue pour la première fois en 1642 par Abel Tasman, navigateur hollandais au service du gouverneur de Batavia, Van Diémen, elle reçut le nom de ce dernier et le garda jusqu'en 1856, époque où un Acte du Parlement rendit justice à celui à qui on la devait. Pendant un siècle et demi cette Terre de Van Diémen passa pour être la partie méridionale de l'Australie que l'on appelait alors la Grande Terre du Sud. Bass et Flinders démontrèrent l'erreur de cette hypothèse en 1798 et prouvèrent que la Terre de Van Diémen était une île. Leurs explorations dans ces parages, la découverte du détroit de Bass et de l'île Flinders, la reconnais-naissance du Derwent déjà vu par les Français en 1792, firent supposer qu'il était possible d'établir là une colonie dans des conditions favorables. Quatre ans après, en 1802, Flinders y revint et insista sur l'urgence pour l'Angleterre d'occuper cette île afin de ne pas se laisser devancer dans la prise de possession par l'expédition française qui opérait sous les mêmes latitudes.

Le gouverneur de la Nouvelle Galles du Sud, seule colonie européenne existant à cette date dans l'Océan Pacifique, était le capitaine King. Il avait déjà secondé Bass et Flinders en mettant à leur disposition un sloop de vingt-cinq tonnes avec des volontaires. Convaincu de l'importance de leurs travaux, il prit les mesures nécessaires pour affirmer les droits de l'Angleterre sur le Derwent. Par son ordre le lieutenant John Bowen quitta Sidney le 3 juin 1803 avec deux navires et un détachement de troupes de la Nouvelle Galles du Sud. Le débarquement eut lieu en septembre à Risdon sur la rive est du Derwent, et l'on y fit un campement. Presque en même temps, sur les instructions du gouvernement de la Grande-Bretagne, le lieutenant-colonel Collins, avec 402 hommes, marins, matelots, employés des administrations publiques, colons accompagnés de leurs femmes et de leurs enfants, s'établit en octobre, aux environs de Sorrento où il ne resta que trois mois pour se transporter de là en un endroit qui lui parut meilleur et où s'éleva depuis la ville maintenant si florissante de Hobart. Il avait fixé son choix sur ce site à cause du cours d'eau important qui le traverse et qui se jette dans l'anse de Sullivan *(Sullivan's Cove)*,

La description que fait Collins de cet emplacement est intéressante au point de vue documentaire. « Au centre, dit-il, se trouve un îlot où l'on peut arriver facilement à gué, à marée basse, et qui est admirablement propre au déchargement des marchandises et provisions. Autour de l'îlot il y a un chenal pour les bateaux, et à la tête de celui-ci un cours d'eau potable qui doit avoir sa source dans le plateau (aujourd'hui Mont Wellington). Les deux rives se relèvent graduellement en amont et c'est sur la plus proche de l'anse que j'ai établi mon campement. Nos deux bâtiments mouillent à une demi-encâblure du rivage avec neuf brasses (*fathom*) d'eau. »

Il est certain que les habitants actuels de Hobart reconnaîtraient difficilement leur port dans ce croquis dessiné par Collins, car les remblais considérables qui y ont été faits en ont changé complètement la physionomie primitive. L'îlot a disparu dans la construction du wharf et la plage qui se déroule aujourd'hui n'est pas celle du commencement du siècle, comme l'avait représentée le lieutenant-colonel dans une aquarelle jointe à son rapport.

Un recensement de la population de Sullivan's Cove (anse ou baie de Sullivan) daté du 28 février 1804, accuse un total de 262 âmes. C'étaient presque tous des hommes : 225; il n'y avait que 15 femmes et 21 enfants. Quelques uns, des colons libres (free settlers), qui avaient obtenu la permission de suivre l'expédition, purent se fixer aux environs de New Town Bay, dès que les communications furent possibles de ce côté. Cette petite colonie se composait de 13 hommes, 5 femmes et 13 enfants, dont huit avaient dépassé l'âge de dix ans et pouvaient par conséquent rendre des services, Quoique le lieutenant-colonel eût des pouvoirs sur toute l'île de Van Diémen, il n'intervint point dans le campement du lieutenant Bowen, à qui il laissa toute autonomie jusqu'au 3 mai ; à ce moment, il fut forcé d'interposer son autorité à la suite d'un regrettable conflit avec 200 naturels qui attaquèrent les blancs et menaçaient de les massacrer. Collins, en vertu de ses droits de gouverneur, prit le commandement de l'île entière, se rendit à Risdon, et renvoya sans appel la plupart des compagnons de Bowen, avec le lieutenant lui-même, à Sidney.

Bowen avait donné à sa colonie, sur l'initiative du gouverneur King, le nom de Hobart en l'honneur du secrétaire d'État pour les Colonies, Lord Hobart. Après l'abandon de Risdon, l'appellation de Sullivan's Cove fut changée par Collins en celle de Hobart Town, et cette désignation subsista jusqu'en 1881. Hobart Town, capitale de la Tasmanie, devint alors simplement Hobart. Officiellement Sullivan's Cove s'appelle Hobart Town depuis 1804, dans les actes publics, mais ce ne fut qu'en 1810, après la visite du gouverneur Macquarie, qui ordonna de faire le plan cadastral de la ville que celle-ci cessa d'être nommée la *Cove* ou, comme on disait aussi, le Camp. En 1825, la Tasmanie fut déclarée colonie indépendante.

Comme beaucoup de colonies australiennes, celle-ci eut deux assiettes distinctes avec des juridictions séparées. Les dépêches du gouverneur King exprimèrent à la métropole le désir et l'intérêt de prévenir la possibilité d'une colonisation française. A quoi lord Hobart répondit par un message du 20 juin 1803 que, sans tarder, une partie de la colonie de Norfolk Island serait transportée avec un certain nombre de colons et de convicts (condamnés aux travaux forcés) à Port Dalrymple, dont la position était tout indiquée sur la côte de la Terre de Van Diémen et à l'entrée du détroit de Bass, « pour y former un établissement colonial particulièrement nécessaire au point de vue politique, et pour tirer parti des richesses du sol et de l'excellence du climat. » Le message désignait le lieutenant-colonel Paterson, appartenant au corps d'armée de la Nouvelle-Galles du Sud, pour prendre le commandement de cette colonie sous les ordres du gouverneur King. Ce dernier se trouva singulièrement perplexe lorsque, relisant attentivement les instructions ministérielles, il constata qu'elles contenaient des inexactitudes topographiques qui ne permettaient pas de les suivre à la lettre. Il hésita quelque temps à prendre une décision, conforme à l'esprit de la situation et non à la lettre, sachant qu'en définitive il fallait avant tout mettre la colonie à l'abri d'une agression ennemie, — c'est-à-dire française. — Puis après avoir reconnu que l'erreur ministérielle provenait d'un document mal transcrit par les bureaux des Colonies, il prit la résolution, mais non sans avoir consulté ses principaux officiers, de faire occuper le Tamar, cours d'eau navigable jusqu'à l'endroit où est maintenant Launceston, ainsi que la région fertile nommée aujourd'hui Breadalbane et White Hill.

William Collins commandait cette expédition : « Le pays, écrit-il dans son rapport, surpasse ici tout ce qu'il y a de plus beau au monde. La Grande Cataracte est probablement une des grandes sources de cette rivière qui abonde en cygnes et canards sauvages et tout autre gibier d'eau. En un mot je suis persuadé que ce site présente tous les avantages désirables pour la colonisation ». Il fut en conséquence décidé par la métropole que le lieutenant colonel Paterson se fixerait avec 34 soldats et 20 convicts à Port Dalrymple, sur le Tamar. L'hiver très rigoureux retarda le départ. Sur ces entrefaites un dissentiment se produisit entre Paterson et Collins, qui prétendait avoir le gouvernement de toute l'île et par suite considérait Paterson comme son subordonné, alors que ce dernier déclarait qu'il ne relevait que du roi et qu'ayant été commissionné comme tel, il voulait être maître à Port Dalrymple, comme Collins le serait à Port Philippe, sur le Derwent. Le débat s'envenima, au point que les deux lieutenants-colonels refusèrent d'avoir des rapports l'un avec l'autre. Le gouverneur de la Nouvelle Galles donna raison à Paterson, mais pour apaiser le dissentiment, il décréta qu'il y aurait désormais deux gouvernements de l'île séparés officiellement par le 42° parallèle de latitude sud, chacun des deux gouverneurs, réciproquement indépendants, se trouvant sous l'autorité suprême du gouverneur en chef de la Nouvelle Galles du Sud. Ce ne fut là, à vrai dire, qu'une division temporaire, mais elle a survécu cependant sous certains aspects. Les deux gouvernements prirent le nom de comté de Buckingham et de comté de Cornouailles.

A la fin de septembre le *Buffalo*, de la marine anglaise, était prêt à prendre le large avec le tender armé *lady Nelson* et les deux schooners *Francis* et *Integrity*. Le 3 octobre on leva l'ancre. Il y avait à bord de la flottille, 64 soldats, 75 convicts, 1 colon et plusieurs officiers, en tout 146 personnes. La traversée fut d'abord mauvaise, et les bâtiments durent se séparer; on ne débarqua que le 10 novembre, puis, l'autre partie, le 21. A la fin de la semaine qui suivit, le colonel Paterson explora le Tamar qu'il remonta jusqu'à son principal affluent, l'Esk, dont la vallée très riche en terres arables, l'émerveilla. Il ne fut pas moins enchanté de la beauté de la cataracte. Ce fut Paterson qui donna au confluent des deux branches de l'Esk le nom de Tamar, pour faire honneur au gouverneur King, né dans la ville ainsi appelée en Angleterre, sur les confins des comtés anglais de Cornouailles et du Devon. Le nouveau gouverneur de cette moitié de l'île Van Diémen transféra successivement le siège de son administration à George's Town, à West Arm, qu'il appela York Town et dont il ne subsiste presque plus rien, enfin à Launceston. En avril 1805, la population totale des colons de cette ville était de 200 âmes. Launceston et George's Town se disputèrent quelque temps la suprématie qui, en 1819, échut définitivement à la première de ces villes. Grâce au jugement de Salomon rendu par le gouverneur King, les colons du Tamar et ceux du Derwent vécurent dès lors en assez bonne intelligence puisque dès 1816 on organisa entre Hobart et Launceston un service postal dont les facteurs eurent à frayer eux-mêmes leur route à pied.

II

Les quelques centaines d'Européens qui colonisèrent à partir de ce moment la Tasmanie firent des progrès relativement lents mais sûrs. Chaque étape marqua une conquête. Il est vrai qu'ils ne se trouvaient en présence que d'un petit nombre d'indigènes, 7.000 à peine. C'était un peuple primitif, partagé en tribus parlant chacune leur idiome distinct. Chasseurs, ils poursuivaient et tuaient, pour se nourrir ou se vêtir, l'opossum, le kangourou, l'émou (casoar sans casque). Les hommes étaient armés de lances qui leur servaient à combattre les animaux et les tribus ennemies. Les femmes tressaient des corbeilles grossières employées à conserver les aliments. L'été, tous étaient nus; l'hiver, ils se couvraient de peaux de bêtes. Les hommes seuls avaient le droit de porter des ornements, plumes, fleurs, dents de kangourou. Chaque famille occupait sa hutte ou case séparée, et chacun chassait pour son propre compte. Ils connaissaient l'usage du feu, et avaient, dans leurs guerres, quelques notions instinctives de la tactique. Le soir, à leur retour de la chasse, ils dansaient autour des feux la danse de l'émou et chantaient en des sortes d'hymnes monotones les exploits des guerriers morts et des héros. Pour se reconnaître et s'appeller de loin dans les vallées et les forêts ils imitaient, tels les Peaux-Rouges, les cris des oiseaux, cris retentissants que Tasman prit, en 1642, pour les sons d'une trompette et qui lui firent croire que cette Terre était habitée par un peuple civilisé.

Ils offraient cela de commun avec les naturels de l'Australie, dont ils formaient sans doute une branche. Leurs facultés intellectuelles étaient plutôt déprimées, mais ils possédaient une grande acuité d'observation qu'ils devaient sans doute à leur vie nomade. Peu d'idées religieuses et un vague sentiment d'un être suprême, qu'ils se représentaient plutôt comme un esprit doué du mal, incarnant les forces redoutables de la nature. Tout ce qui leur était inconnu les effrayait et la nuit même leur inspirait une véritable peur. Ils avaient sur la création de l'homme des légendes. C'était un esprit bienveillant qui avait, croyaient-ils, fait descendre leur race, ils ne savaient d'où, dans cette île, et leurs ancetres avaient comme les quadrupèdes une longue queue, mais point d'articulation au genou. Un autre esprit plein de sollicitude les avait débarrassés de cette queue incommode en graissant leurs genoux pour rendre leur marche plus facile.

Ces naturels étaient pacifiques lorsque les Européens vinrent s'établir dans l'île, mais les mauvais traitements que leur infligèrent les blancs, les persécutions de tout genre dont ils furent l'objet les rendirent féroces, car ils ne voyaient plus dans les colons que des ennemis implacables, beaucoup plus à craindre que les fauves. A leur férocité les Européens répondirent par le massacre et l'extermination. Un Anglais se chargea à lui seul de cette sinistre besogne. Il s'appelait Georges Auguste Robinson et vivait au milieu de ces sauvages. Il les abattit successivement à coup de fusil, trompant par des promesses mensongères ceux qui avaient confiance en lui et alors s'emparant d'eux, comme il eût fait de kangourous, pour les livrer aux blancs, qui les lui payaient. Ensuite on les faisait périr cruellement en les transportant dans certaines îles comme celle de Flinders qui était mortelle pour eux. Traqués sans relâche ces malheureux diminuaient rapidement en nombre. Robinson les poursuivait à travers les monts et les vallées, ne leur laissant pas même les bois pour refuge. La race ainsi décimée s'éteignit rapidement. En 1833 on n'en comptait plus que 203. En janvier 1835, Robinson en livra aux autorités 7, qu'il croyait les derniers; mais en 1842, on en trouva près de Circular Head encore 7, une famille, le père, la mère, 5 jeunes enfants. On les envoya comme les autres à l'île de Flinders où la tuberculose abrégea leurs soufrances. Le fléau y sévissait avec tant d'intensité qu'un des gouverneurs de l'île eut l'humanité de transférer ces victimes de la civilisation dans un autre lieu d'internement au sud de l'île, à Oyster Cove, non loin de Hobart, dans le Chenal de d'Entrecasteaux. Mais la race était condamnée. En 1847 il n'en survivait plus que 44. Ils avaient été capturés en 1842. Le tout dernier de ces aborigènes du sexe masculin mourut en 1866 à l'âge de 34 ans; il s'appelait Lanné. Chose tout à fait étrange et qui pourrait prêter à de singulières conclusions ethnographiques : en 1876, il n'y avait plus en Tasmanie qu'un seul représentant de la race primitive tasmanienne. C'était une femme que l'on appelait Truganini. Elle avait 73 ans et depuis un demi-siècle au moins elle était l'auxiliaire dévouée autant qu'acharnée de Robinson dans les chasses à l'homme de ce sanguinaire rastreador. Elle le menait là où elle savait que ceux de sa tribu avaient cru trouver un abri; elle faisait auprès de lui l'office d'une chienne fidèle, âpre à la curée, lancée à la piste de ces êtres humains dont elle était la fille, la sœur, la mère ou l'alliée naturelle.

Aujourd'hui on ne parle plus en Tasmanie des anciens indigènes qu'en renouant des souvenirs lointains et confus. Ils n'ont laissé que des descendants indirects, métis issus de croisements avec les blancs, et qui ne se rencontrent — en petit nombre du reste, — que dans quelques îles du détroit de Bass.

La civilisation a effacé cette race de sa route, et l'évolution coloniale s'est continuée suivant le système anglais, dans cette île dont la superficie (68,309 kilomètres carrés) est à peu près égale à celle de Ceylan. Les habitants (450.000 environ), d'origine européenne presque exclusivement, s'appliquent activement à la culture du sol : ils exportent et importent, vendent bien leurs produits, laines, céréales, fruits, bois, voient entrer dans leurs ports des milliers de vaisseaux marchands tous les ans, jouissent d'un budget qui leur offre un revenu de 14 à 15 millions de francs et leur permet d'en dépenser autant, sans compter une dette publique d'environ 80.000.000 de francs, ce qui leur donne l'aspect statistique d'un petit État d'Europe.

Charles SIMOND.

MAISON DU GOUVERNEUR

LA TASMANIE

I

La Tasmanie est la Suisse de l'Australasie. Montagnes et vallées, pics et combes, tous les sites y invitent à l'admiration. Un climat dont on peut dire qu'il n'est ni excessivement chaud, ni extrêmement froid; un ciel généralement pur et serein, des journées agréables, tempérées par la fraîcheur de la brise, des nuits claires où l'on n'étouffe jamais ; même en plein midi, de l'air, à cause de la proximité des hautes montagnes et de l'océan antarctique. En un mot une atmosphère des plus favorables à l'hygiène, très propre à réparer les santés délicates, à conserver la vigueur des tempéraments robustes, un Eden, diraient les poètes, et ici la poésie est le plus souvent réalité. Aussi les touristes — j'écris bien le mot — y arrivent-ils en grand nombre, attirés par la beauté du paysage, la bonté des routes, le confort des hôtels qui n'ont rien à envier aux meilleurs d'Europe, car l'Europe règne seule ici et il n'est pas surprenant qu'elle y vienne comme en une partie de plaisir, conduite, guidée entre autres par l'agence Cook, dont l'éloge n'est plus à faire.

D'ailleurs tout est aménagé, organisé avec soin pour répondre aux exigences des voyageurs : il y a des communications diverses par vapeurs, qui vont régulièrement de Melbourne et Sidney non-seulement aux deux grands centres tasmaniens, Hobart et Launceston, mais aussi aux autres villes, Devonport, Burnie, Strahan ; il y a même une ligne directe de beaux steamers entre Londres et Hobart, avec départ toutes les quinzaines, et les Messageries Maritimes, le Lloyd allemand ont leurs agences dans la capitale de l'île. La navigation marchande n'est pas moins active, et l'on voit toutes les semaines sur le wharf de Hobart charger par milliers de caisses les fruits qu'exporte la Tasmanie.

Les trains de chemin de fer attendent le voyageur au débarquer et le portent dans toutes les directions. Le réseau traverse des régions agricoles, des villes bien bâties, où se reconnaît partout l'empreinte britannique, et c'est merveille de voir, en quelque endroit que se fixe le regard, comment en un siècle, de ce pays jadis complètement sauvage, on est parvenu à faire une colonie modèle qui n'ignore aucune des inventions modernes et n'est arriérée en aucun point.

Nous voici à Hobart. On me raconte comment la ville fut fondée et comment elle a grandi. Je dois rendre cette justice à ceux qui en ont choisi l'emplacement qu'ils ne pouvaient faire mieux. La capitale de la Tasmanie, qui compte maintenant 30,000 habitants, est située sur la rive occidentale du magnifique estuaire du Derwent, une des plus belles rades du monde. Lorsqu'on y aborde par mer, la vue est vraiment enchanteresse. Enfermée dans une ceinture de gracieuses collines, la ville grimpe en une molle ondulation la rampe du Mont Wellington qui forme majestueusement le fond du décor. Au nord, les monts Faulkner et Direction, le Quoin, le Grass Tree Hill, charmante éminence herbeuse, limitent l'horizon, au-dessus duquel émergent dans le lointain quelques cimes de hauteurs différentes. Le rivage s'entrecoupe de petites baies, d'anses, de pointes de terre, les unes s'abaissant doucement vers la mer, les autres, au contraire, abruptes, affectant des allures de rochers imposants. Dans ce cadre, sous une voûte d'azur transparente, un panorama de verdure nuancée des tons sombres de la forêt; toute la magie d'une nature riche et féconde au milieu de laquelle se meut la civilisation, représentée par le va et vient des navires, des paquebots, des yachts, sillonnant le lac intérieur que semble considérer en sa solitaire grandeur la montagne défiant les nues. Un peintre ne saurait imaginer un tableau plus saisissant, plus impressionnant.

Pour avoir une idée exacte de Hobart et de ses environs il faut à pied, à cheval ou en voiture faire le tour du Domaine de la Reine (Queen's Domain). C'est une promenade réservée d'environ 500 acres, — on sait que l'acre vaut un peu plus de 40 ares — bornée d'un côté par la ville, de l'autre par le Derwent, et ailleurs par le joli faubourg de New-Town (la nouvelle ville). La plus grande partie de ce domaine est restée vierge, et l'eucalyptus, le buis, le cerisier sauvage y poussent avec luxuriance en liberté; mais les jardiniers se sont appliqués en d'autres endroits à planter des arbres d'ornement, des parterres, à tracer des allées, en rivalisant de goût. Une belle avenue de cèdres (*Cedrus deodora*) s'ouvre sur une de ces allées et y crée un asile au mystère. Le terrain est accidenté. A son point culminant, on a élevé un belvédère d'où la vue embrasse à vol d'oiseau toute la ville et ses alentours.

On pénètre dans le Domaine soit par la rue Macquarie, soit par Liverpool Street, deux rues entre lesquelles se trouve la station de chemin de fer. A gauche on remarque sur une hauteur tapissée de gazon un bâtiment de style Élisabeth, qui est l'Université de Tasmanie; à droite se groupaient, en 1894, les constructions de l'Exposition internationale dont quelques-unes ont été conservées. Tout près de là est la Batterie de la Reine (*Queen's Battery*), où, par imitation, sans doute du Palais-Royal sous Louis-Philippe, le canon qui part à 1 heure règle toutes les montres, pendules et horloges de Hobart. Derrière l'Université, sur la route infléchie qui va du Domaine à la ville, s'étale Glebe Town, un faubourg empris sur les prés d'église, et où l'on a érigé l'Officer Collège, qui est le meilleur établissement d'instruction de la colonie. Son nom lui vient d'un ancien président de l'assemblée de Tasmanie, Sir Robert Officer, un des principaux orateurs politiques de l'Australasie. A un demi-mille de là, dans un pli de terrain, est l'Hôtel du Gouvernement qui date de 1858 et dont on vante l'architecture. Tout autour s'étend le Jardin Botanique sur une superficie d'une trentaine d'acres. On y admire une collection de pins qui comprend toutes les variétés connues; des citronniers chargés de fruits attestent la douceur du climat; des rosiers, des magnolias, des parterres de fleurs de tous genres, embellissent le jardin. Des kiosques surélevés y sont disposés de telle façon que le spectateur a devant lui le Derwent, dont il peut suivre le cours jusqu'aux villes de Bellerive et de Beltana sur la rive orientale, en assistant aux régates et aux évolutions des embarcations, des yachts, etc. Une belle avenue de cèdres mène au Cricket Stand qui mesure huit acres de surface et qui est entouré d'arbres ombreux et de pavillons pour les joueurs et pour le public. Le Domaine est borné au nord par la baie de Cornélie (Cornelian Bay); une courte promenade de quelques centaines de mètres conduit le visiteur au cimetière où les tombeaux de marbre et les monuments témoignent de la richesse des colons.

Les rues de Hobart sont larges et propres. On y voit circuler des voitures, des cabs du dernier style anglais, des tramways électriques. La ville possède deux cathédrales et plusieurs grandes églises, de beaux hôtels, dont l'un des plus considérables est l'*Orient* dans Murray Street. On y rencontre aussi, dans des positions centrales, des « private family hotels » tels que la « Westella » la « Pressland House », qui sont divisés en appartements meublés où le luxe se marie à l'aisance; des villas avec habitations séparées offrent également aux étrangers un séjour agréable. Toutes ces constructions sont en pierre de taille, et leurs façades artistiques, parfois très décoratives, surtout celles d'Élisabeth Street et de Collins-Street ne le cèdent ni aux plus riches de Londres, ni aux plus élégantes de Paris. L'Union Bank, qui était autrefois la Banque de la Terre de Van Diémen est, sous ce rapport, un édifice de premier ordre. En face se dressent les bâtiments de la société mutuelle de Prévoyance Australienne, la plus importante des Compagnies d'assurance de la Tasmanie. Les trois étages, en pierre du pays, sont surmontés d'un quatrième en pierre blanche soutenu par des colonnes de granit qui font un bel effet. Dans Murray Street également se trouvent la Loge Maçonnique, la Caisse d'épargne, la cathédrale de Saint-David, un grand nombre de maisons de commerce, le tout en pierre de taille.

Hobart a un service de tramways électriques depuis 1893 sur trois voies qui traversent la ville et pénètrent dans les faubourgs de New-Town, Sandy-Bay, Wellington Hamlets. Ces tramways, avec impériale, peuvent transporter quarante-huit voyageurs et le prix du trajet dans toute sa longueur, qui est de treïze à quatorze milles, n'excède pas 30 centimes, tout en étant proportionné à la distance parcourue. Les rues Élisabeth et Macquarie sont les points terminus.

La capitale de la Tasmanie s'est enrichie dans ces derniers temps d'une bibliothèque publique qui a débuté avec 12,000 volumes, successivement augmentés en nombre par des dons et des legs. Hobart a aussi depuis cinquante ans un Muséum fondé en 1849 et une galerie de tableaux qui date de 1886. Le Muséum, analogue à celui du Jardin des Plantes à Paris, est particulièrement intéressant, parce qu'il contient des spécimens de toute la flore et de toute la faune tasmaniennes, ainsi que, dans sa section anthropologique, des crânes d'aborigènes de la Tasmanie, entre autres le crâne de Truganini, la vieille sauvage qui mourut en 1876. Quelques artistes tasmaniens ont décoré les murs du Muséum, à l'intérieur, de tableaux et de fresques représentant les sites du pays. Parmi ces artistes il ne faut pas oublier M. Piguenit, qui a une grande réputation comme peintre de paysages.

La population de Hobart est hospitalière. Il n'est pas de famille qui, au cours de la saison, n'attende des visiteurs, amis, parents, simples connaissances, étrangers recommandés par quelques relations d'affaires, et chacun se pique d'amour-propre pour recevoir ses hôtes avec toute l'affabilité possible. Aux visites de la ville succèdent les piques-niques dans les environs, les excursions par bateaux, chemins de fer ou trams.

Parmi ces excursions une des plus intéressantes aux alentours de la capitale est celle de New Norfolk, où l'on arrive par de nom-

VUE DE PORT-ARTHUR

breux moyen de locomotion. New Norfolk est à sept lieues environ de Hobart. C'est une des anciennes villes de la Tasmanie et les gouverneurs y avaient autrefois une résidence d'été, maintenant occupée par l'hospice des aliénés. Le site plaît beaucoup par ses beaux vergers, ses houblonnières, ses vieilles maisons entourées d'arbres séculaires. Les touristes y vont voir les étangs où l'on fait la culture du saumon, qui a été acclimaté en Tasmanie par du naissain importé d'Angleterre. D'autres curiosités attirent les promeneurs, par exemple la Cascade (*Myrtle Falls*) d'où l'on se rend à la source du Derwent, dans la chaîne du Dromadaire. C'est une promenade d'une petite demi-heure à pied par des sentiers bordés de fleurs.

Sur la rive est du fleuve, à deux milles de distance l'un de l'autre, mais reliés l'un à l'autre par une route commode, s'asseoient les deux principaux faubourgs de Hobart, ici Bellerive, là Beltana. On s'y rend généralement par eau et les bateaux-mouches qui font l'aller et le retour sont toujours remplis. De Bellerive on gagne sans fatigue le Mont Rumney (Rumney Mount) qui a 1236 pieds d'altitude et lorsqu'on arrive en haut on est récompensé de l'effort par la surprise. On y a en effet une féerique perspective et le spectacle peu commun des endentations de la côte.

L'excursion dans cette direction se termine au Mont Wellington. C'était autrefois tout un voyage; mais depuis qu'on y a tracé une route allant jusqu'aux Sources et de là jusqu'à la Selle, par où l'on atteint le sommet de la montagne, il n'est personne qui se dispense d'y faire au moins une course. Et l'on ne saurait s'en repentir. La route est jalonnée par des poteaux indicateurs qui marquent les distances. Elle passe sur le plateau jusqu'au Pinacle qui est juste au-dessus des colonnes de basalte connues sous le nom de tuyaux d'orgue (*Organ Pipes*). Le sommet, qui est plat, s'élève à 4166 pieds au-dessus du niveau de la mer. Le panorama est de toute beauté.. Aux Sources, à mi-chemin environ, c'est-à-dire à 2872 pieds d'altitude, le gardien s'est bâti une maisonnette qui sert de lieu de repos et de restaurant aux promeneurs. Les voitures peuvent arriver jusque là, et l'on y trouve un téléphone qui communique avec la ville. On va au Mont Wellington par le coche de Huon (Huon coach) qui part de Hobart à neuf heures du matin et s'arrête à Finger Post qui est situé à quatre milles de la capitale. De Finger Post aux Sources il y a 1 mille et 400 yards, à peu près 2 kilomètres, et des Sources au Pinacle un peu plus de 3 kilomètres. Dans toutes ces parties de la montagne serpentent des cours d'eau d'une limpidité parfaite. Les fleurs des champs qui émaillent le tapis brodé par la nature, rouges, blanches, pourpres, écarlates, s'essaiment parmi les bruyères, les fougères, les mousses qui ornent les pentes. Sur celles-ci les sites s'offrent aux touristes en abondance. C'est, à quelques centaines de mètres de la grande route, *Fern Tree*

Bower; la fougeraie; *Silver Falls*, la cascade d'argent où, dans un lit profond, retombe une eau d'une blancheur éblouissante roulant impétueusement sur des rochers noirs. C'est la Plaine des serpents — (*Snake Plains*) — ainsi nommée parce qu'il n'y a pas de serpents du tout, une des raisons pour lesquelles on s'y arrête en toute confiance pour suivre ensuite la route de Huon (*Huon road*) qui domine le Chenal de d'Entrecasteaux et le Derwent.

Les chutes de Wellington, qui ont 210 pieds de haut, sont situées dans une belle gorge à 5 milles environ à l'ouest des Sources. On y parvient par un chemin aisé. Au Roc Blanc (White Rock) qui est à mi-route des Sources au pied des Tuyaux d'orgue, on visite les cavernes où sir John Franklin, lorsqu'il vint à Hobart avec lady Franklin, fit une halte prolongée pour attendre le lever du soleil. Les Tuyaux d'orgue sont, comme nous l'avons déjà dit, des piliers de basalte qui ont ont 800 pieds de haut.

Berriedale, que nous avons vu par un splendide soleil, sépare la vallée du Derwent de la baie de Sorell (*Sorell Creek*). C'est une petite ville sur une hauteur, ou, pour parler plus modestement, un groupe de fermes qui descendent gaiement dans la plaine. A proximité de là, les Allemands établis en Tasmanie, ont bâti deux villages, l'un appelé Molesworth, l'autre Bismarck.

***

Huon, dont nous venons de parler, est une magnifique forêt qui ne produit guère que le bois auquel elle doit son nom et qu'on emploie dans toutes les constructions de la colonie. On y va par coche ou par bateau, et c'est un trajet, d'une ou d'autre façon, plein d'intérêt. A dix milles de Hobart, le steamer quitte les eaux du Derwent pour entrer par un étroit passage dans le Chenal d'Entrecasteaux, fermé par l'île Bruni d'un côté et par la terre ferme de l'autre. Bruni n'a guère plus de trente milles de long du nord au sud, mais sa côte est si irrégulière et si découpée de baies profondes qu'on met près de soixante mille à la longer. Le Chenal, dont la largeur varie de deux à dix milles, est parsemé d'îlots avec un arrière plan de chaînes de montagnes, panorama sauvage de lochs, de fiords, d'escarpements rugueux et d'enfoncements séduisants. Les pêcheurs et les canotiers trouvent ici leurs délices, et les chasseurs, les collectionneurs d'ornithologie y font des découvertes d'oiseaux rares.

Little Oyster Cove (l'Anse de la Petite Huître) et Woodbridge ou Peppermint Bay (la Baie de la Menthe) sont très recherchées l'été par les familles qu'attirent les petits trous pas chers.

On a dans les environs *Port Cygne* (le port au Cygne) qui est à l'entrée d'un profond estuaire de Huon River. Là est l'îlot de Huon (*Huon Island*) avec sa ferme proverbiale par la fertilité de ses

105 acres de terre incomparable; là aussi est « l'île de l'Arche » (Arch Island) avec des roches dont la mer a fait un tunnel. De l'estuaire du Huon, le steamer conduit le voyageur à Franklin, qui perpétue pour les Tasmaniens le souvenir de l'illnstre explorateur. Sur les bords du Huon de cent en cent pas on aperçoit de braves gens doux et patients qui taquinent la truite et le saumon du commencement de septembre à la fin d'avril et prennent quelquefois du poisson.

Je mentionne encore Geevestown, centre de la scierie mécanique, et point de départ des excursions aux montagnes du Hartz,

LA POSTE

curieuses à voir pour leurs sept petits lacs. Geevestown doit son nom aux trois frères Geeves qui, en 1850 entreprirent l'exploitation de la forêt vierge. Ils y firent souche à leur tour et lorsque je leur ai serré la main en 1894, ils avaient déjà 140 enfants, petits-enfants et arrière-petits-enfants. La magnifique forêt du Hartz, quoiqu'elle ne se trouve qu'à deux milles de Hobart, était encore inconnue en 1878, lorsque M. Osborne Geeves l'explora et y découvrit les lacs que l'on ne se pardonnerait plus maintenant de n'avoir pas visités. Ces forêts de Hartz sont peuplées de kangourous, d'oppossums, de wombats et d'autres marsupiaux. La flore, myrtes, lauriers, fougères, y offre une variété de richesse qui atteint jusqu'à trente et quarante pieds de haut. Autour du Hartz s'étend un pays presque ignoré et inhabité, où les amateurs d'imprévu pittoresque s'engagent avec un charme particulier. Les Geeves ont ensemencé les eaux des lacs de naissains de truites du fameux Loch Lomond et déjà cette pisciculture donne d'excellents résultats.

Le steamer qui voyage sur le Huon offre encore aux passagers la vue de la jolie baie de Port-Espérance emprisonnée dans trois petites îles poétiquement appelées la Foi, l'Espérance et la Charité. On peut y accoster pour monter, si l'on ne craint pas les broussailles, jusqu'au haut du Pic d'Adamson (4,017 pieds d'altitude) qui fait partie de la chaîne dont le Hartz forme l'extrémité nord. Ici encore on a construit des scieries, mais elles travaillent moins

DOCKS DES PÊCHEURS

que celles de Geevestown; d'autres scieries — une industrie importante de la Tasmanie, et qui se rattache à l'exploration forestière — sont établies à Southport et, si je ne me trompe, à Bruni où il y a un phare, derrière lequel s'aperçoit Tasman Head (le Cap Tasman) qui est la pointe sud extrême de Bruni. Entre Southport et la baie de la Recherche (*Recherch Bay*) se cachent des récifs traîtreux qui d'octobre à décembre causent des naufrages. Sur ces récifs habitent des oiseaux de mer dont les œufs se vendent à des prix élevés dans les ports voisins.

La route de Hobart à Huon par terre, c'est-à-dire par voiture, est certainement une des plus typiques de la Tasmanie. Elle fut tracée en 1855 par deux hardis pionniers, Thomas Walter et Joseph Wilson. Rien de plus pittoresque que ces lacets traversant des ravins, ourlant des collines et faisant succéder les paysages aux marines. Au sortir de la ville de Hobart, elle va jusqu'à l'auberge de la Fougeraie (Ferntreenn) au pied du mont Wellington et passe ensuite devant le « Chalet » qui appartient à la famille Dobson et le « High Peak », qui est la propriété de la famille Grant. La végétation est sur ce parcours pleine d'attrait. Au printemps ou au commencement de l'été, les fougères arborescentes ont revêtu leurs frondaisons nouvelles, d'un vert clair, qu'humectent et diamantent les vapeurs émanant des cours d'eau de la montagne; le ti et le musc sont en pleine floraison, avec, çà et là, des guirlandes d'églantines, des clématites grimpant et fleurissant en leur sauvage profusion, d'innombrables arbustes en leur verdoyance naissante, et au-dessous, un tapis d'herbe prodiguant des nuances sans nombre. Du sommet des collines, on voit les cimes du Hartz menacer les nuages et là-haut, bien haut, sur la droite, s'élever le pic étrange que l'on a appelé *Huon Belle* (la Belle ou l'amoureuse de Huon). A droite aussi le large Océan bleu qui reçoit le Derwent, la baie de Nord-Ouest et le Chenal de d'Entrecasteaux; des rochers et des ravins et des bois entrecoupant le paysage, tout concordant à intéresser, à captiver le touriste.

On traverse le Huon à Huonville, on atteint à cinq milles de là Franklin, puis, à dix mille encore, Geevestown. Ici sur la plus grande partie du trajet, ce sont les fruits qui font la richesse du pays, les pommes principalement, qui s'expédient par milliers de paniers à Londres. Sur toute la route il y a des lieues et des lieues de vergers où l'on ne voit que des pommiers ployant sous leur charge.

II

La beauté pittoresque de la Tasmanie ne doit pas faire oublier que la colonie fut, à l'origine, un lieu de déportation. Port-Arthur qui en 1836 remplaca Port Macquarie comme séjour des forçats, ne fut jusqu'en 1877, habité en très grande partie que par des criminels de la pire espèce, c'est-à-dire par la lie des malfaiteurs. Pour effacer le souvenir de cette contamination et le faire disparaître jusqu'aux moindres vestiges, on a, non seulement démoli pierre à pierre tous les bâtiments du pénitentiaire, mais on a expulsé ces matériaux mêmes en les transportant à Hobart, où ils ont été détruits en grande partie, et le reste employé à d'autres usages. On est allé plus loin. Toutes les localités qui furent souillées par la présence ou l'internement des convicts ont reçu d'autres noms. C'est ainsi que Port-Arthur est devenu Carnarvon; Wedge Bay s'est transformé en Wubeena, les Cascades en Koonya et Norfolk Bay en Taranna. Très peu ont conservé leurs anciennes dénominations. La résidence du gouverneur du pénitentiaire à Port-Arthur, s'appelle maintenant l'Hôtel Carnarvon, et s'il subsiste encore quelques débris des anciennes constructions, ils ont été affectés à d'autres destinations ou vendus à des particuliers. Tels l'arsenal et les quartiers des officiers. Le quartier des aliénés a été acheté par l'archevêque de Hobart. Près de là on montre encore le cottage où l'agitateur irlandais Smith O'Brien passa quelque temps. L'église, environnée de grands arbres, chênes et ormes, a été détruite par une incendie en 1883 et ce qui a été épargné par le feu est couvert de lierre. On voit encore une partie de la tour où il y avait un carillon de huit cloches. La prison modèle, où l'on envoyait les condamnés les plus dangereux, était entourée d'un mur de pierres de vingt mètres de haut; il n'a pas été démoli, mais les bâtiments sont devenus la propriété d'un clergyman. La chapelle est presque entièrement disparue. Il a été question d'en faire une salle de bal. L'esplanade, qui se trouvait jadis entre le Pénitentiaire et la rade actuelle où mouillent les steamers, est envahie par la mer; l'on y aperçoit encore une ou deux guérites de sentinelles que l'on a transformées en cabines de bains. L'Ile de la Mort dans la baie, faisant face au pénitentiaire est inoccupée. On y découvre encore quelque traces d'allées et de passages.

L'île, comme l'indique son nom, servait autrefois de lieu de sépulture. Les condamnés libérés et ceux qui n'avaient pas fait leur temps de peine y ont été enterrés les uns près des autres. Sur les tombes des libérés il y a des pierres debout ou couchées avec des inscriptions; sur les autres, rien. Plus de 1,600 morts reposent ici. Cette île a une ressemblance frappante avec celle du Loch Katrine, dans les Highlands d'Ecosse, que l'on appelle « la prison de Rob Roy ». On aperçoit encore quelques unes des cellules souterraines qui étaient réservées aux jeunes condamnés punis de cachot.

Cette région de la Tasmanie généralement connue sous le nom de Péninsule est aujourd'hui très visitée et nul de ceux qui interrogent ici le passé ne ressent les angoisses des malheureux auxquels toute pitié était refusée et dont les cris de désespoir n'avaient point d'écho. Les principaux endroits que recherchent les visiteurs ou que leur montrent les guides sont la colline du Scorpion, la Prison, l'Église, le Pénitentiaire, les Bâtiments publics, la baie de Sûreté, la Montagne brune, les Cavernes, le trou de l'Event, le Cou de l'Aigle, le Pavé de mosaïque, l'arche de Tasman; l'île de la Mort, la Roche pendante, les Carrières. Ce que l'on nomme le trou de l'Event est une ouverture large et si profonde qu'on ne peut y entrer qu'avec une grande précaution; cette caverne fut, raconte-t-on, témoin des plus atroces horreurs, mais aucun des habitants n'a de souvenirs précis à cet égard et je crois que personne ne veut se rappeler.

Aussi bien les visiteurs ne sauraient rien de ce passé, s'ils n'y avait les légendes, car l'on s'intéresse bien davantage à tout ce que l'on a devant les yeux, au paysage, au décor, à la mer. La péninsule de Tasman a pour pendant la péninsule du Forestier, qui est rattachée à la grande terre insulaire par un isthme étroit. Là est situé Dunally, qui deviendra, s'il ne l'est déjà, un lieu de vilégiature offrant les plus attirantes récréations. On y arrive en un trajet relativement court d'Hobart, et l'on y a tout ce que l'on peut désirer pour la pêche et la chasse. Boaring Beach est une belle plage de sable de six milles de long, jonchée de coquillages

UN PASSAGE DU HARTZ

et battue par les vagues. D'autres localités comme Blackman River et Lagoon Bay invitent les sportsmen qui veulent pêcher la brême ou chasser le kangourou.

Sorrell, un des plus anciens campements des premiers colons, est une halte sur la route de Port-Arthur et aussi un centre d'excursions. Je ne citerai point, de peur de faire une simple nomenclature, toutes les autres curiosités de cette péninsule. D'ici je vois la baie de Tasman avec ses beautés naturelles. En tournant le dos au Pacifique, je contemple Frédéric Henry et la baie de la Tempête, l'île Bruni, j'entrevois une partie du chenal d'Entrecastaux; au-dessous de moi à droite j'ai la paisible vallée de Kellevie, avec ses tranquilles demeures nichant un peu partout, tandis qu'au delà j'aperçois mais indistinctement le joli domaine des « Woodlands »

VUE DE LA BAIE DE HOBART

(couverts boisés) d'Allanby. Me retournant ensuite pour retrouver le Pacifique, je reconnais la continuation de Kellevie, que baigne l'Océan, et, à droite, la grande plantation du Bream Creek.

L'impression que l'on garde de toute cette partie de la Tasmanie est très-vive et durable. Malgré tout, la pensée ne peut chasser cette idée de la civilisation poussant comme une fleur sur un sol fumé de cadavres d'assassins et de voleurs, de bandits et de misérables justement frappés par la loi.

III

Launceston est, après Hobart, la ville la plus considérable de la Tasmanie. Elle a 20,000 habitants. Située au confluent du North-Esk et du South-Esk qui forment le Tamar, elle n'a point les attractions naturelles de la capitale, mais elle est bien pavée, bien entretenue. La pierre de taille a été remplacée ici par la brique et le ciment qui, moins imposants, se prêtent cependant à l'embellissement. Aussi dans toutes les rues y voit-on des édifices, des rangées de maisons et d'hôtels d'un aspect très supérieur à celui des autres villes d'Australie, même de celles qui sont beaucoup plus riches. J'ai dit que Launceston est propre. Ses habitants sont fiers de cette propreté, et aussi de leur système de drainage souterrain qui date déjà de quarante ans et de leur service d'eau qui est alimenté par des captations à cinq lieues de là, dont le coût n'a pas excédé un million et demi de francs. Ce service suffit amplement à tous les besoins et il n'est pas nécessaire, comme à Paris, d'avertir officiellement les contribuables d'avoir à ménager l'eau, ou, en d'autres termes, de s'en priver pendant telle ou telle durée au cours de l'année. L'étendue de la ville est si grande, 3,400 acres, que personne n'y doit vivre à l'étroit, chacun, pour peu qu'il ait les moyens d'être chez soi, pouvant occuper une maison entière avec jardin, ce qui n'empêche pas qu'une partie de Launceston est encore terrain à bâtir ou en culture. A cause de sa proximité de Melbourne, puisqu'il ne faut pas plus de quinze heures de cap à cap, beaucoup d'étrangers qui visitent la Tasmanie débarquent d'abord à Launceston.

C'est de la mer que l'on a le meilleur aspect de la ville. Le Tamar subit l'influence des marées, et sa navigation y est par conséquent soumise au flux et au reflux. Pour remonter le fleuve, on met à peu près trois heures et le voyage est accidenté. La passe a des variations brusques, tantôt s'élargissant en de vastes proportions, tantôt si resserrée qu'on semble n'y pouvoir marcher sans se heurter aux parois de rochers qui l'encaissent, puis encore courant à travers de fertiles vallées, jusqu'à la bordure de roseaux qui forme les derniers milles de son cours en atteignant Launceston.

A Low-Head (le cap Bas), il y a un phare, et à quatre milles dans les terres, dans une petite anse, est situé George-Town, rendez-vous des canotiers et des pêcheurs.

Les hôtels de Launceston sont confortables et les voitures mises à la disposition du public, waggonettes, attelages de bons chevaux, calèches ouvertes, ne laissent rien à désirer. Les cochers sont polis, ce qui ne se voit peut-être que dans cette partie du monde. Il y a cinq ans, quand je visitais Launceston, la ville n'était pas encore éclairée à l'électricité, mais on en parlait et aussi de tramways électriques ; la chose est peut-être faite maintenant, Hobart ayant d'ailleurs donné l'exemple.

Launceston ne saurait vanter ses monuments; à vrai dire il n'y en a point, car l'on ne saurait considérer comme tels la Poste et le Télégraphe, quoiqu'ils se distinguent du reste. L'Hôtel-de-Ville n'offre rien de remarquable, si ce n'est, peut-être, la collection des portraits de ses maires depuis l'établissement du gouvernemen municipal en 1852. A propos de ces magistrats, je signalerai la chaîne d'or qu'ils doivent porter comme insigne de leurs fonctions; cette chaîne a cela de particulier que chaque chaînon porte le nom d'un des magistrats élus avant celui qui est en titre et que le chaînon a été fourni par le magistrat lui-même. Chaque année donc elle s'augmente d'un chaînon; il y en a, en 1899, déjà 47, et il arrivera un moment où le fardeau sera trop lourd pour le titulaire. Que fera-t-on alors ?

Outre les édifices publics que je viens de nommer, on peut citer encore celui de la Corporation des Mécaniciens qui a été érigé en 1890; il a coûté 250,000 francs. Le grand hall mesure 150 pieds de long sur 60 de large; parmi ceux du monde entier il occupe comme espace le onzième rang. On y voit un grand orgue qui a été acheté il y a plusieurs années par une souscription des habitants de Launceston.

Comme Hobart sa rivale, Launceston a son Domaine, c'est City-Park qui est loin d'être aussi vaste. Il n'a que treize acres d'étendue, mais il est admirablement aménagé et planté d'arbres anglais et étrangers qui fournissent de beaux ombrages. Son Jardin zoologique contient tous les types d'animaux vivants de la Tasmanie, kangourou, wallaby, singes, diables, wombats, opossums, etc.

Ce qu'il y a toutefois de plus digne d'attention et d'admiration à Launceston, c'est la gorge de la cataracte « Cataract Gorge » creusée dans l'escarpement du basalte par la nature, et par où l'Esk du sud va se marier à l'Esk du nord pour former le Tamar. Un pont de fer d'une seule arche est jeté d'une rive à l'autre du fleuve près de son embouchure et sous cette arche glissent gracieusement, comme une flottille de moustiques, périssoires, barques, canots et bateaux. En amont du pont, à un demi-mille de distance, il y a une nappe d'eau claire et profonde, et, à côté de celle-ci, une série de cataractes conduisant au Premier Bassin, qui est un étang placide regardé par les habitants comme le cratère d'un volcan éteint. Au-dessus de ce Premier Bassin, il y en a cinq autres, à des intervalles irréguliers, reliés entre eux par des cataractes. Le fleuve coule sur une étendue de plusieurs milles entre des rocs abrupts de basalte rouge, brun, noir, couverts de lichens, et se fraie un chemin tortueux entre des plaines fertiles. La corporation de Launceston a construit ici un lacet en *zigzag*, mais les attractions de la Gorge, que l'on peut ainsi visiter en voiture, sont dues à une Société particulière d'embellissement et d'amélioration de la ville et de ses faubourgs (*Launceston City and suburban improvement Association*), dont la caisse a été, depuis 1890, alimentée libéralement par les habitants, qui sont tous membres de l'Association. Le propriétaire du terrain l'a loué pour deux cents ans à un prix dérisoire et l'association a mis tout en œuvre pour y créer une promenade qui n'a peut-être pas d'égale nulle part ; elle est à dix minutes à peine du cœur de la ville, et elle sert à la fois de parc et de bois. Les ingénieurs y ont réuni tout ce que leur art pouvait imaginer : ici des ponts de bois sur lesquels on passe d'une roche à l'autre, là des galeries qui conduisent à un précipice ; ailleurs on a fait sauter à la dynamite des milliers de tonnes de basalte pour niveler la pente du chemin qui monte gracieusement sur ses sveltes piliers de fer, entre des bouquets d'arbustes. Ce chemin se rapproche partout du lit du fleuve, mais il est assez élevé pour ne jamais être submergé par les flots. Dans chaque ravin, chaque anfractuosité, chaque crevasse, partout où il a été possible, on a mis des fougères arborescentes ; on a gazonné les pentes, on les a sablées, on y a disposé de petits coins discrets, des terrasses, et sur le flanc des collines, là où il y avait assez de terre végétale, on a planté les plus beaux arbustes d'ornement.

Le tableau est d'une grandeur simple mais magnifique. L'Association a eu une bonne idée en faisant payer un sou d'entrée au tourniquet ; le promeneur ne s'en plaint pas, la somme étant assez minime pour ne rendre la promenade inaccessible à personne. Ici chacun vient, après les affaires de la journée, chercher la fraîcheur, le repos, et les y trouve, assez près de la ville pour ne pas être fatigué par le chemin à faire, assez loin pour ne plus en entendre aucun bruit. Et que de beautés dont on ne se lasse point ! Voici la colonne de basalte que l'on a surnommée la *Roche suspendue*, voilà le géant couché qui s'appelle l'*Enclume*, et voilà, jeté en travers du fleuve, à la cataracte, un rocher qui est le *Tombeau du Géant*. Voici encore, blottis dans des recoins ou perchés sur des hauteurs rocheuses où l'on grimpe les marches d'un escalier de pierre taillé à vif, les refuges rustiques : la *Grotte*, le *Nid de Corbeau*, la *Cabane de Robinson* tout en souches de fougères arborescentes et avec un toit de roseaux. Puis c'est le *Colombier*, habité par des ramiers, le

Pigeonnier d'où s'élancent, pour voguer au-dessus de la rivière en décrivant des courbes gracieuses, les plus belles espèces d'oiseaux que l'on entend roucouler. Voici — et ce n'est pas ce qu'il y a de moins pittoresque, — la biche apprivoisée qui suit le promeneur comme ferait un épagneul et ne le quitte point, dans l'espoir d'une sucrerie ou d'une pincée de tabac toujours préférée.

Cataract George est vraiment d'une beauté inépuisable, mais cette beauté revêt une majesté tout à fait grandiose, quand, s'harmonisant avec la mer qui l'attire, le fleuve lutte contre les

EMBARCADÈRE

rochers qui s'efforcent de l'enchaîner et opposent leur impassible résistance à sa fureur bondissant en écume crêmeuse pour renverser l'obstacle. Des milliers de spectateurs assistent chaque jour à ce combat qui n'est jamais monotone.

Launceston pourra paraître, à l'étranger, qui vient des grands centres populeux, une ville un peu rêveuse, se livrant au charme de l'indolence ; pourtant il n'en est rien ; ceux qui habitent ce lieu de délices et de poésie sont des gens positifs, travailleurs, commerçants, veillant à leurs intérêts, calculant leurs profits, les augmentant de leur mieux, tirant parti sous tous les rapports des avantages de leur port situé dans une des régions les plus agricoles de la colonie, basant leur avenir sur la production minière qui va croissant, grâce aux perfectionnements des moyens d'extraction et qui. en réalité, depuis vingt-cinq ans a doublé de valeur. Le commerce est tout naturellement favorisé par ces mines d'étain, d'or, de charbon.

A vingt-huit milles environ de Launceston, sur la rive occidentale du Tamar, et à quelque cent mètres de son lit, se trouve Beaconsfield où les Compagnies minières, dont la plus importante est la *Tasmania Gold Mine* (Mine d'or de la Tasmanie) ont établi des machines qui fonctionnent avec tant de succès que le rendement d'or de Beaconsfield s'élève en une année a près de 30 millions de francs.

De Beaconsfield on se transporte par la voie carrossable à Port Lemprière et à Leonardsburgh, qui sont à 4 ou 5 milles de là, et où l'on trouve les gisements d'asbeste, ainsi que des marbres serpentins de diverses couleurs dont on fait d'élégants objets décoratifs, avec des veines naturelles qui ont depuis l'épaisseur d'un cheveu jusqu'à celle d'un pouce. Malheureusement, l'exploitation des carrières ne s'est pas faite dans de bonnes conditions, et les Sociétés constituées à cet effet y ont perdu plus d'argent qu'elle n'en ont gagné. Aussi a-t-on peu à peu renoncé à ces pertes progressives sans espoir de rémunération future. On se borne à extraire la chaux qui abonde en cette région. Les habitants ont mis à profit les cavernes calcaires qui forment des galeries ayant jusqu'à soixante et soixante-dix pieds de haut, pour y donner des fêtes, et, lorsqu'elles sont illuminées, elles offrent un spectacle tout à fait fantastique.

Entre Launceston et Beaconsfield il y a d'autres mines d'or, comme Lefroy, où l'on travaille avec de bons résultats depuis 1869 et le Back Creek Goldfield qui a fourni depuis plusieurs années une grande quantité d'or d'alluvion. D'autres industries se sont groupées autour de ces centres, principalement des distilleries dont une des plus vastes porte le nom singulier de Bol de Punch du Diable (*Devil's Punchbowl*). Ces distilleries sont l'accompagnement accoutumé des élevages de bestiaux et de moutons. Plusieurs des propriétaires, très riches, ont une renommée proverbiale dans toute l'Australie. Les fermes, qui sont presque toutes appropriées à la grande culture, sont entretenues avec un soin exceptionnel et communiquent entre elles par des routes qui ne laissent rien à désirer. A ces communications nombreuses — il y a jusqu'à douze routes — se joignent les avantages du chemin de fer qui dessert non seulement les villes, mais la plupart des villages agricoles qu'arrosent le North-Esk, le South-Esk et leurs tributaires, San-Patrick, Nil, Lake, Méandre, qui abondent en poissons, anguilles, truites brunes anglaises, etc.

A quarante-cinq milles de Launceston par chemin de fer et trente milles par la route, ce dernier trajet étant plus court que l'autre à cause des sinuosités de la voie ferrée, s'élève sur une hauteur à 700 pieds d'altitude, la pittoresque ville de Deloraine, traversée par le Méandre, et assise au milieu de la verdure. Les alentours offrent de nombreux points d'excursions. Je ne nommerai que les Alum-Rocks, rochers abrupts qui ont de 400 à 600 pieds de haut, et surtout les Chudleigh Caves, qui sont déjà visités par tous les touristes. Les environs de Deloraine constituent d'ailleurs ce que l'on appelle la région des Carrières. Celles-ci sont d'autant plus attractives qu'il en est où l'on n'a pas encore pénétré et qui invitent, par conséquent, à la témérité, les chercheurs d'émotions. Les autorités municipales de Deloraine ont compris l'intérêt qu'il y avait à protéger ces curiosités contre le vandalisme, car il y a, dans le nombre, des stalactites que les collectionneurs s'étaient accoutumés à piller, avec ce sans-gêne qui caractérise, en particulier, le voyageur anglais, peu enclin lorsqu'il trouve quelque rareté à faire la distinction du mien et du tien. Je n'essaierai pas de décrire les beautés de ces carrières et cavernes, ce sont des choses qu'il faut voir et lorsqu'on a le spectacle sous les yeux on est réellemment saisi de stupéfaction devant la puissance féconde de la nature.

IV

La côte nord-est de la Tasmanie est la plus fertile et la mieux irriguée de toute l'île. Les paysages y reposent la vue. C'est une Normandie qui succède à une Bretagne. Je ne mentionnerai ici que quelques coins. Entre tous, se distingue Richmond. Vous remarquerez que beaucoup de ces localités ont des noms tout à fait anglais et que plusieurs rappellent des rendez-vous favoris de la population londonnienne. Richmond est un centre agricole. Pour y arriver, la route qui va en ondulant passe par des sites montueux ou ravinés jusqu'au village de Buckland, qui paraît s'endormir sur un plateau, le Prosser, dont le nom est emprunté à un cours d'eau, rivière ou petit fleuve, car il se fraie un chemin à travers rocs, pour aller se jeter dans la mer. Cette partie du tableau fait naître des ressouvenirs de Salvator-Rosa. Des peintres — il y en a qui viennent ici — l'ont appelé un peu ironiquement le Paradis et l'appellation est même exacte si l'on admet que les paysages de l'Éden n'étaient pas exclusivement composés de plaines, mais qu'il y avait là également des rochers, puisque certains animaux de la création devaient y avoir leur habitation. Quoi qu'il en soit, le Prosser est très saisissant. Le fleuve s'élargit au sortir de son encaissement et on le traverse par un pont (Meredith-Bridge), qui donne accès au village d'Oxford, dont les carrières de pierre de taille ont fourni une grande partie des matériaux de construction de Melbourne.

D'Oxford on se rend à Swansea — autre réminiscence britannique — dont les attractions naturelles sont très appréciées par les

Tasmaniens et les étrangers. Swansea est un séjour charmant à l'embouchure de l'Oyster-Bay dont le nord est borné par la presqu'île montagneuse et endentée de Freycinet (nom d'un des plus illustres navigateurs dans les mers du sud). La plage de Swansea est toute de sable blanc. Les bois voisins abondent en gibier; on chasse aux environs le kangourou et le wallaby. C'est à Swansea que l'on trouve les plus beaux pins, qui ont jusqu'à cent pieds de haut et qui proviennent de semences importées d'Europe par les premiers colons.

A travers une région toute poétique, à quarante-cinq milles de

UN VIEUX MOULIN A NEWTOWN

Swansea, par une route accidentée, que l'on soit en voiture et de préférence au pas des chevaux, car l'œil ne doit rien perdre, on arrive au Ben-Lomond, la montagne qui se dresse à 5.010 pieds d'altitude ; là on prend un guide pour faire l'ascension en voiture jusqu'à mi-hauteur et à cheval ensuite jusqu'au sommet. On visite en passant l'exploitation des mines d'étain. Au pied du Ben-Lomond s'étale le *village d'Avoca*, dont on embrasse le panorama du haut de la montagne. Ce même panorama s'étend jusqu'à Launceston. Au sud d'Avoca, en descendant la vallée qu'arrose le ruisseau — les Tasmaniens disent le ruisselet (*rivulet*) — de Saint-Paul, au-dessus duquel s'élève une église bâtie, mais dans des proportions de réduction minimum, sur le modèle de la cathédrale de Londres, — le Saint-Paul's Dome, — on a une vue sur les mines de Brookshead et de Roy's-Hill. La station la plus proche sur la voie ferrée est Fingal, d'où l'on peut, dans la même journée, à six milles de distance, aller aux mines d'or de Mangana, puis à la source de Sainte-Marie où l'ancien gouverneur Sir William Denison, qui a voulu reposer dans cette gorge, lui a donné son nom. Denison-Gorge est un beau ravin rempli de fougères qui y croissent en leur sauvage fantaisie ; au fond du ravin murmure un ruisseau dont « l'onde pure » invite à la rêverie.

Nous nous rapprochons de Launceston, mais avant d'y retourner

ENTRÉE DE LA GORGE DES CATARACTES

nous n'omettrons pas de visiter la baie (George's-Bay) où les bateaux et batelets, ceux-ci à rame, ceux-là à voile passent devant le riant village de Sainte-Hélène. Beaucoup de noms de localités sont pris ici aux personnages illustres de notre époque. On est tout surpris d'y rencontrer Garibaldi à côté de Victoria. C'est à Garibaldi que sont établis les Chinois, qui forment le plus gros contingent des laveurs d'or dans les alluvions, Victoria ou plutôt Mount Victoria est un des « champs d'or » les plus importants.

V

Les lacs de la Tasmanie deviennent aussi renommés que ceux

de l'Écosse. On n'a pas épargné les millions pour y attirer les touristes. Les lacs se trouvent à 2.000 pieds au-dessus du niveau de la mer et les montagnes très élevées qui les entourent leur prêtent un cadre à la fois majestueux et peu commun. Jadis, je parle des temps les plus lointains, quand les forêts de chênes et d'araucarias de l'île de Tasman étaient habitées par des kangourous de la taille d'un taureau, disent les naturalistes peut-être avec quelque exagération, quand les wombats, qui n'ont plus que les proportions d'un cochon d'Inde, dépassaient celles d'un gros porc du Berkshire, quand les volcans étaient en éruption et envahissaient le sol de leurs énormes coulées de lave, qui, en se refroidissant, se transformaient en gisements basaltiques, la nature règnait seule en maîtresse absolue dans cette partie de la Tasmanie.

Plus tard, une nouvelle faune et une nouvelle flore s'y acclimatèrent; les éruptions plus intermittentes produisirent encore des couches de basalte, mais celles-ci, par la décomposition, fournirent des éléments de fertilité au sol et firent, de la région des lacs principalement, la plus riche ressource agricole de l'île. Après, sans que l'on sache exactement quand, et certains géologues disent durant plusieurs siècles et bien avant notre ère — le pôle antarctique envoya dans cette direction des courants de glace qui exercèrent leur action sur les bassins creusés dans les crêtes volcaniques; ces bassins se remplirent d'eau et devinrent les lacs de la Tasmanie.

Il y en a deux groupes : le premier comprend le lac Sainte-Claire (*Lake St-Clair*) et ce que l'on appelle ses satellites (lac Pétrarque, Marion, Laura, Ina, Lemona); le second est formé des lacs du Croissant (Crescent) et Sorell, du grand Lac, du Lac de la Forêt (Wood's Lake), du lac Arthur, du lac Echo et d'une cinquantaine d'autres petits lacs ou de lagunes.

Le plus beau est le lac Saint-Clair. On y va de Hobart en une semaine si l'on ne s'arrête pas en chemin, mais les touristes y mettent un mois. On y a installé un cottage où des chambres attendent les voyageurs, et un auvent sous lequel sont amarrés les canots de promenade. Le lac Saint-Clair est à 2409 pieds d'altitude; il mesure dix milles de long, deux milles de large; sa profondeur varie de 600 à 900 pieds; il a une ceinture de hauteurs, chaînes et pics qui s'élèvent jusqu'à 7,000 pieds au-dessus du niveau de la mer, et, au pied de ces hauteurs, nichent de petits lacs en miniature, dont les eaux s'écoulent dans le Saint-Clair ou dans les tributaires du Derwent qui a sa source à l'extrémité occidentale de ce grand lac. Celui-ci est peuplé de truites qui vivent à l'abri de l'hameçon et des autres engins, car il est interdit de les pêcher. Le lac Saint-Clair a une superficie de 9,400 ares. Il est couché dans une longue et profonde vallée. Il faut y séjourner quelques heures pour pouvoir se rendre compte de toute sa beauté. Quand le temps est clair il n'y a rien de plus ravissant qu'une promenade en bateau sur ce miroir de cristal. Un ruban de sable s'argentant au soleil forme le rivage; les eaux bleues reflètent l'image des montagnes, et quand la brise ride doucement cette vaste nappe liquide, l'effet est merveilleux. A gauche, le mont Olympe dresse sa cime de 2,300 pieds au-dessus du lac. En face de l'Olympe est le mont Ida. Au nord le lac recueille un tributaire, le Narcisse, dont les truites pèsent jusqu'à 20 livres. Au pied de l'Ida se couche le lac Laura qui n'est séparé du Saint-Clair que par une cloison naturelle de

HOBART — SQUARE FRANKLIN, NOUVELLE COUR DE JUSTICE

300 milles environ de longueur. Les deux lacs sont d'ailleurs en communication par un cours d'eau. Au sud du Saint-Clair est la rivière Cuvier, qui se jette dans la baie de Cynthie où l'on croit entendre un écho des vers célèbres de Lamartine.

L'ascension du mont Olympe, la vue de la vallée de Cuvier sont deux choses qui mériteraient à elles seules le voyage en Tasmanie. Le petit lac Pétrarque dort aux pieds des monts Cuvier et Byron. Toute la mythologie antique se retrouve ici dans l'Olympe et l'Ida, toute la poésie moderne dans le Byron et le Cuvier. Ces noms poétiques pris à Homère et à la littérature de notre siècle ont une grâce toute exquise qui témoigne de la civilisation tasmanienne.

Le second groupe de lacs n'est pas moins admirable. Le Sorell et le Crescent, qui sont joints l'un à l'autre par un petit cours d'eau sur lequel on a jeté un joli pont, attirent des visiteurs en grand nombre. Et l'on y a même créé un site artificiel dont le nom dit toute l'attirance : Interlaken.

VI

La côte occidentale est ce que l'on pourrait nommer la région la plus jeune de la Tasmanie civilisée. Il n'y a pas longtemps qu'on a cessé de l'appeler l'Ouest-Sauvage (Wild-West) ; mais, depuis qu'on y a découvert des mines d'argent, d'or, de cuivre, d'étain, les changements y ont fait merveille. L'entrée du Port de Marquarie, qui était un vrai lac salé, est maintenant accessible aux steamers faisant la traversée de Hobart à Strahan en vingt heures et en correspondance directe avec les vapeurs effectuant le service régulier entre Strahan, Launceston et Melbourne. A trente milles de Strahan se trouvent les mines du Mont Lyell. On s'y rend par un chemin de fer qui n'était pas encore en exploitation en 1894. De Strahan également on va visiter les champs d'argent de Zechan et Dundas où des tramways vous transportent en vous prenant à la descente du bateau.

Le goulet qui relie le Port de Marquarie à la mer, et qui porte encore aujourd'hui le nom de Portes de l'Enfer qu'on lui donna quand il n'y avait là au commencement du siècle qu'une colonie pénitentiaire, est maintenant éclairé par un phare qui projette ses feux. Le Port (Marquarie-Harbour) a vingt milles de long et environ cinq milles de large, il reçoit les eaux du Gordon qui est navigable pour les barques transportant le bois de construction et pour les vapeurs qui font le cabotage. La vue est magnifique. Les Iles du Campement et des Condamnés, où se voyaient autrefois les bâtiments affectés aux déportés ont complètement perdu cet aspect sinistre, la plupart de ces constructions du péniteenciaire ayant disparu. Le Port est alimenté par un autre tributaire, *King-River,* qui est également navigable pour des bateaux marchands, mais jusqu'à une dizaine de milles seulement, car au delà il y a des rapides qui barrent la route.

Marquarie-Harbour est le principal centre d'exportation du pin de Huon (*Dacrydium Franklinii*) ; on abat les arbres sur les rives du Gordon et du King, on les coupe et les équarit, on les traîne, on les charroie jusqu'au bord de l'eau et on les laisse ensuite descendre le courant en flottaison. Le Port abonde en poisson et les environs en gibier.

Les mines de cuivre du Mont Lyell sont les plus considérables de la côte occidentale, elles peuvent rivaliser avec les mines d'étain du Mont Bischoff sur la côte nord-ouest. La route qui va de Strahan à Mont Lyell traverse d'abord une plaine de sable onduleuse, couverte de bruyères et de fleurs sauvages et qui s'étend à un mille au loin, avec une rampe douce montant jusqu'à 350 pieds d'altitude. Au sortir de cette plaine on entre dans la région forestière où croissent les principales essences d'arbres de la Tasmanie: l'eucalyptus, l'acacia noir (*acacia melanoxylon*), le myrte, le hêtre (*fagus cunninghami*), le sassafras (*atherosperma moschatum*) et d'autres plus petits comme le laurier indigène (*assopterus glandulosus*), le waratah (*telopea truncata*), le *richea pandanifolia*. On arrive ensuite à une hutte d'où l'on a une vue splendide sur le Mont Owen et le Mont Lyell dont les cimes se baignent à une certaine heure de la journée et à une certaine époque de l'année dans un flot de lumière semblable à de l'or rouge liquide et contrastant admirablement avec sa frondaison sombre s'étalant à leurs pieds.

A cet endroit on descend dans la vallée de Queen-River. Ici le site forestier est admirable. La route tourne en lacets en s'engageant entre des gorges abruptes coupées presque verticalement dans des strates d'anciennes roches siluriennes. Elle est ombragée par l'épais feuillage des myrtes et des bouleaux ; quelques-uns de ces arbres ayant jusqu'à deux et trois mètres de diamètre à leur pied et atteignant des hauteurs de 30 mètres et au-delà. Leurs troncs énormes, noueux, couverts de mousses et de lichens émergeant d'un amas confus de blocs abattus, de fougères arborescentes, de broussailles. C'est la forêt primitive dont rien ne saurait donner une idée plus exacte. De petits cours d'eau babillant et pétillant traversent le chemin qu'ils rafraîchissent. On serait tenté d'y boire si l'on n'était prévenu qu'ils sont chargés de matières minérales. Cette même vallée est jonchée d'immenses galets.

Les travaux miniers ont été poursuivis ici depuis quelques années et l'on y a obtenu d'importants rendements d'or d'alluvion. Le Mont Lyell a des gisements encore inexploités, mais là où l'extraction est en pleine activité, les résultats sont supérieurs à ceux de beaucoup de mines d'Amérique. Les ingénieurs conviennent qu'il n'en est point de plus riches.

Le Mont Owen est analogue en structure géologique au Mont Lyell, mais plus rude, plus sauvage. Le panorama que l'on y a sous les yeux, après avoir fait l'ascension, est aussi plus pittoresque. Sous un ciel orageux avec des apparitions fantômatiques de brouillards s'accrochant aux escarpements en surplomb on a comme une vision de certains décors dantesques.

La flore du Mont Owen est extrêmement variée, et un botaniste y passerait sa vie sans avoir épuisé les incalculables surprises de cette luxuriance.

Au sud de Marquarie-Harbour s'étend Port Davey, où l'on voit encore la carcasse d'une vieille baleinière couchée sur le flanc et impunément envahie par les oiseaux. De Port Davey un bateau conduit à neuf milles en amont jusqu'aux Portes de l'Enfer, où des rochers polis comme le marbre, quelques uns dentelés et sciés par le temps se dressent à cent mètres de hauteur. Le bateau tourne un coude de la rivière et voici qu'apparaît un site idéal, tel qu'aucun peintre n'en aurait pu rêver de plus impressif. Des brèches de trois à sept mètres de large emplies de verdure à l'abri du vent et de l'orage, des pins de Huan, des myrtes, des sassafras, des alternances de vert et de blanc sur un parcours de trente à trente-cinq mètres ; on marche pendant un quart d'heure dans une ombre délicieuse, puis tout à coup on plonge en plein soleil.

C'est la Suisse, comme je l'ai écrit au commencement de cette relation; une Suisse de l'autre hémisphère, toute voisine de ces mondes nouveaux, l'Australie et la nouvelle Zélande, où la civilisation moderne a fait des progrès si considérables sur la nôtre toute rouillée, que c'est nous, en Europe, qui sommes les arriérés. Que les Européens aillent voir la Tasmanie — il n'y a rien de plus facile — et ils s'en convaincront. Je conseille ce voyage aux jeunes mariés; ils en reviendront autrement émerveillés que ceux qui n'ont vu que le Righi ou les Apennins, le lac Majeur ou même Sorrente la divine.

George DELORAINE.

UN COIN DU DOMAINE

www.ingramcontent.com/pod-product-compliance
Ingram Content Group UK Ltd.
Pitfield, Milton Keynes, MK11 3LW, UK
UKHW012125240726
13965UKWH00005B/1970

9 782013 077163